... Pour se souvenir de tout !...

Carnet des Anniversaires

Lydia MONTIGNY

CARNET des ANNIVERSAIRES

Mentions légales

© 2022 Lydia MONTIGNY

Édition : BoD – Books on Demand,
12/14 rond-point des Champs-Élysées, 75008 Paris
Impression : BoD - Books on Demand, Norderstedt, Allemagne

ISBN : 978-2-3223-9255-1
Dépôt légal : Février 2022

....

JANVIER

PRENOM : ……………………………………………………………

NOM : ……………………………………………………………………

Date de Naissance : ……………………………………………….

Signe du Zodiaque/Chinois : ……………………………………

Il/Elle aime :

……………………………………………………………………………
……………………………………………………………………………
……………………………………………………………………………
……………………………………………………………………………
……………………………………………………………………………
……………………………………………………………………………
……………………………………………………………………………
……………………………………………………………………………

Il/Elle n'aime pas :

……………………………………………………………………………
……………………………………………………………………………
……………………………………………………………………………
……………………………………………………………………………
……………………………………………………………………………

Observation :

……………………………………………………………………………
……………………………………………………………………………

JANVIER

PRENOM : ....

NOM : ....

Date de Naissance : ....

Signe du Zodiaque/Chinois : ....

Il/Elle aime :

....
....
....
....
....
....
....
....

Il/Elle n'aime pas :

....
....
....
....
....

Observation :

....
....

JANVIER

PRENOM : ……………………………………………………………

NOM : …………………………………………………………………

Date de Naissance : ………………………………………………

Signe du Zodiaque/Chinois : …………………………………..

Il/Elle aime :

……………………………………………………………………………
……………………………………………………………………………
……………………………………………………………………………
……………………………………………………………………………
……………………………………………………………………………
……………………………………………………………………………
……………………………………………………………………………
……………………………………………………………………………

Il/Elle n'aime pas :

……………………………………………………………………………
……………………………………………………………………………
……………………………………………………………………………
……………………………………………………………………………
……………………………………………………………………………

Observation :

……………………………………………………………………………
……………………………………………………………………………

JANVIER

PRENOM : ………………………………………………………………………

NOM : …………………………………………………………………………….

Date de Naissance : ………………………………………………….

Signe du Zodiaque/Chinois : …………………………………….

Il/Elle aime :

………………………………………………………………………………………
………………………………………………………………………………………
………………………………………………………………………………………
………………………………………………………………………………………
………………………………………………………………………………………
………………………………………………………………………………………
………………………………………………………………………………………
………………………………………………………………………………………

Il/Elle n'aime pas :

………………………………………………………………………………………
………………………………………………………………………………………
………………………………………………………………………………………
………………………………………………………………………………………
………………………………………………………………………………………

Observation :

………………………………………………………………………………………
………………………………………………………………………………………

JANVIER

PRENOM : ....

NOM : ....

Date de Naissance : ....

Signe du Zodiaque/Chinois : ....

Il/Elle aime :

....
....
....
....
....
....
....

Il/Elle n'aime pas :

....
....
....
....
....

Observation :

....
....

JANVIER

PRENOM : ....

NOM : ....

Date de Naissance : ....

Signe du Zodiaque/Chinois : ....

Il/Elle aime :

....
....
....
....
....
....
....
....

Il/Elle n'aime pas :

....
....
....
....
....

Observation :

....
....

JANVIER

PRENOM : ....

NOM : ....

Date de Naissance : ....

Signe du Zodiaque/Chinois : ....

Il/Elle aime :

....
....
....
....
....
....
....
....

Il/Elle n'aime pas :

....
....
....
....
....

Observation :

....
....

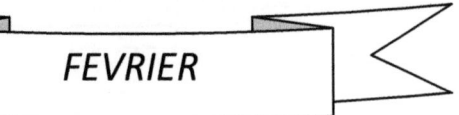

FEVRIER

PRENOM : ....

NOM : ....

Date de Naissance : ....

Signe du Zodiaque/Chinois : ....

Il/Elle aime :

....
....
....
....
....
....
....
....

Il/Elle n'aime pas :

....
....
....
....
....

Observation :

....
....

FEVRIER

PRENOM : ....

NOM : ....
Date de Naissance : ....
Signe du Zodiaque/Chinois : ....
Il/Elle aime :

....
....
....
....
....
....
....
....

Il/Elle n'aime pas :

....
....
....
....
....

Observation :

....
....

FEVRIER

PRENOM : ....

NOM : ....
Date de Naissance : ....
Signe du Zodiaque/Chinois : ....
Il/Elle aime :

....
....
....
....
....
....
....
....

Il/Elle n'aime pas :

....
....
....
....
....

Observation :

....
....

FEVRIER

PRENOM : ....

NOM : ....

Date de Naissance : ....

Signe du Zodiaque/Chinois : ....

Il/Elle aime :

....
....
....
....
....
....
....
....

Il/Elle n'aime pas :

....
....
....
....
....

Observation :

....
....

FEVRIER

PRENOM : ....

NOM : ....

Date de Naissance : ....

Signe du Zodiaque/Chinois : ....

Il/Elle aime :

....
....
....
....
....
....
....
....

Il/Elle n'aime pas :

....
....
....
....
....

Observation :

....
....

FEVRIER

PRENOM : ....

NOM : ....

Date de Naissance : ....

Signe du Zodiaque/Chinois : ....

Il/Elle aime :

....
....
....
....
....
....
....
....

Il/Elle n'aime pas :

....
....
....
....
....

Observation :

....
....

FEVRIER

PRENOM : ....

NOM : ....

Date de Naissance : ....

Signe du Zodiaque/Chinois : ....

Il/Elle aime :

....
....
....
....
....
....
....
....

Il/Elle n'aime pas :

....
....
....
....
....

Observation :

....
....

MARS

PRENOM : ....

NOM : ....

Date de Naissance : ....

Signe du Zodiaque/Chinois : ....

Il/Elle aime :

....
....
....
....
....
....
....
....

Il/Elle n'aime pas :

....
....
....
....
....

Observation :

....
....

MARS

PRENOM : ……………………………………………………………..

NOM : ………………………………………………………………………

Date de Naissance : ……………………………………………………

Signe du Zodiaque/Chinois : ……………………………………….

Il/Elle aime :

………………………………………………………………………………………
………………………………………………………………………………………
………………………………………………………………………………………
………………………………………………………………………………………
………………………………………………………………………………………
………………………………………………………………………………………
………………………………………………………………………………………
………………………………………………………………………………………

Il/Elle n'aime pas :

………………………………………………………………………………………
………………………………………………………………………………………
………………………………………………………………………………………
………………………………………………………………………………………
………………………………………………………………………………………

Observation :

………………………………………………………………………………………
………………………………………………………………………………………

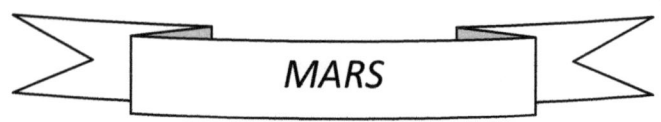

MARS

PRENOM : ……………………………………………………………………

NOM : ………………………………………………………………………

Date de Naissance : …………………………………………………….

Signe du Zodiaque/Chinois : ……………………………………….

Il/Elle aime :

………………………………………………………………………………
………………………………………………………………………………
………………………………………………………………………………
………………………………………………………………………………
………………………………………………………………………………
………………………………………………………………………………
………………………………………………………………………………
………………………………………………………………………………

Il/Elle n'aime pas :

………………………………………………………………………………
………………………………………………………………………………
………………………………………………………………………………
………………………………………………………………………………
………………………………………………………………………………

Observation :

………………………………………………………………………………
………………………………………………………………………………

MARS

ENOM : ....

NOM : ....
Date de Naissance : ....
Signe du Zodiaque/Chinois : ....
Il/Elle aime :
....
....
....
....
....
....
....
....

Il/Elle n'aime pas :
....
....
....
....
....

Observation :
....
....

MARS

PRENOM : ....

NOM : ....

Date de Naissance : ....

Signe du Zodiaque/Chinois : ....

Il/Elle aime :

....
....
....
....
....
....
....
....

Il/Elle n'aime pas :

....
....
....
....
....

Observation :

....
....

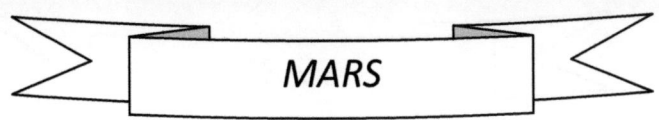

MARS

PRENOM : ....

NOM : ....

Date de Naissance : ....

Signe du Zodiaque/Chinois : ....

Il/Elle aime :

....
....
....
....
....
....
....
....

Il/Elle n'aime pas :

....
....
....
....
....

Observation :

....
....

MARS

PRENOM : ……………………………………………………………………

NOM : ………………………………………………………………………

Date de Naissance : ……………………………………………………

Signe du Zodiaque/Chinois : ………………………………………

Il/Elle aime :

……………………………………………………………………………………
……………………………………………………………………………………
……………………………………………………………………………………
……………………………………………………………………………………
……………………………………………………………………………………
……………………………………………………………………………………
……………………………………………………………………………………
……………………………………………………………………………………

Il/Elle n'aime pas :

……………………………………………………………………………………
……………………………………………………………………………………
……………………………………………………………………………………
……………………………………………………………………………………
……………………………………………………………………………………

Observation :

……………………………………………………………………………………
……………………………………………………………………………………

AVRIL

PRENOM : ……………………………………………………………

NOM : ………………………………………………………………………

Date de Naissance : ………………………………………………………

Signe du Zodiaque/Chinois : ……………………………………………

Il/Elle aime :

……………………………………………………………………………………
……………………………………………………………………………………
……………………………………………………………………………………
……………………………………………………………………………………
……………………………………………………………………………………
……………………………………………………………………………………
……………………………………………………………………………………
……………………………………………………………………………………

Il/Elle n'aime pas :

……………………………………………………………………………………
……………………………………………………………………………………
……………………………………………………………………………………
……………………………………………………………………………………
……………………………………………………………………………………

Observation :

……………………………………………………………………………………
……………………………………………………………………………………

AVRIL

PRENOM : ....

NOM : ....
Date de Naissance : ....
Signe du Zodiaque/Chinois : ....
Il/Elle aime :

....
....
....
....
....
....
....
....

Il/Elle n'aime pas :

....
....
....
....
....

Observation :

....
....

AVRIL

PRENOM : ....

NOM : ....
Date de Naissance : ....
Signe du Zodiaque/Chinois : ....
Il/Elle aime :
....
....
....
....
....
....
....
....

Il/Elle n'aime pas :
....
....
....
....
....

Observation :
....
....

AVRIL

PRENOM : ....

NOM : ....

Date de Naissance : ....

Signe du Zodiaque/Chinois : ....

Il/Elle aime :

....
....
....
....
....
....
....
....

Il/Elle n'aime pas :

....
....
....
....
....

Observation :

....
....

AVRIL

PRENOM : ....

NOM : ....

Date de Naissance : ....

Signe du Zodiaque/Chinois : ....

Il/Elle aime :

....
....
....
....
....
....
....
....

Il/Elle n'aime pas :

....
....
....
....
....

Observation :

....
....

AVRIL

PRENOM : ....

NOM : ....
Date de Naissance : ....
Signe du Zodiaque/Chinois : ....
Il/Elle aime :
....
....
....
....
....
....
....
....

Il/Elle n'aime pas :
....
....
....
....
....

Observation :
....
....

AVRIL

PRENOM : ....

NOM : ....

Date de Naissance : ....

Signe du Zodiaque/Chinois : ....

Il/Elle aime :

....
....
....
....
....
....
....
....

Il/Elle n'aime pas :

....
....
....
....
....

Observation :

....
....

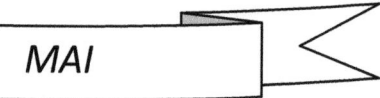

MAI

PRENOM : ....

NOM : ....

Date de Naissance : ....

Signe du Zodiaque/Chinois : ....

Il/Elle aime :

....
....
....
....
....
....
....
....

Il/Elle n'aime pas :

....
....
....
....
....

Observation :

....
....

MAI

PRENOM : ....

NOM : ....

Date de Naissance : ....

Signe du Zodiaque/Chinois : ....

Il/Elle aime :

....
....
....
....
....
....
....
....

Il/Elle n'aime pas :

....
....
....
....
....

Observation :

....
....

MAI

PRENOM : ……………………………………………………………………

NOM : …………………………………………………………………………

Date de Naissance : ……………………………………………………..

Signe du Zodiaque/Chinois : ………………………………………….

Il/Elle aime :

………………………………………………………………………………………
………………………………………………………………………………………
………………………………………………………………………………………
………………………………………………………………………………………
………………………………………………………………………………………
………………………………………………………………………………………
………………………………………………………………………………………
………………………………………………………………………………………

Il/Elle n'aime pas :

………………………………………………………………………………………
………………………………………………………………………………………
………………………………………………………………………………………
………………………………………………………………………………………
………………………………………………………………………………………

Observation :

………………………………………………………………………………………
………………………………………………………………………………………

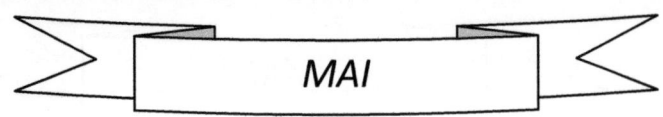

MAI

PRENOM : ....

NOM : ....

Date de Naissance : ....

Signe du Zodiaque/Chinois : ....

Il/Elle aime :

....
....
....
....
....
....
....
....

Il/Elle n'aime pas :

....
....
....
....
....

Observation :

....
....

MAI

PRENOM : ....

NOM : ....

Date de Naissance : ....

Signe du Zodiaque/Chinois : ....

Il/Elle aime :

....
....
....
....
....
....
....
....

Il/Elle n'aime pas :

....
....
....
....
....

Observation :

....
....

MAI

PRENOM : ……………………………………………………………

NOM : ………………………………………………………………

Date de Naissance : ………………………………………………

Signe du Zodiaque/Chinois : ……………………………………

Il/Elle aime :

……………………………………………………………………………
……………………………………………………………………………
……………………………………………………………………………
……………………………………………………………………………
……………………………………………………………………………
……………………………………………………………………………
……………………………………………………………………………
……………………………………………………………………………

Il/Elle n'aime pas :

……………………………………………………………………………
……………………………………………………………………………
……………………………………………………………………………
……………………………………………………………………………
……………………………………………………………………………

Observation :

……………………………………………………………………………
……………………………………………………………………………

MAI

PRENOM : ....

NOM : ....

Date de Naissance : ....

Signe du Zodiaque/Chinois : ....

Il/Elle aime :

....
....
....
....
....
....
....
....

Il/Elle n'aime pas :

....
....
....
....
....

Observation :

....
....

JUIN

PRENOM : ……………………………………………………………………

NOM : ………………………………………………………………………………

Date de Naissance : ………………………………………………………

Signe du Zodiaque/Chinois : …………………………………………

Il/Elle aime :

………………………………………………………………………………………
………………………………………………………………………………………
………………………………………………………………………………………
………………………………………………………………………………………
………………………………………………………………………………………
………………………………………………………………………………………
………………………………………………………………………………………
………………………………………………………………………………………

Il/Elle n'aime pas :

………………………………………………………………………………………
………………………………………………………………………………………
………………………………………………………………………………………
………………………………………………………………………………………
………………………………………………………………………………………

Observation :

………………………………………………………………………………………
………………………………………………………………………………………

JUIN

PRENOM : ....

NOM : ....

Date de Naissance : ....

Signe du Zodiaque/Chinois : ....

Il/Elle aime :

....
....
....
....
....
....
....
....

Il/Elle n'aime pas :

....
....
....
....
....

Observation :

....
....

JUIN

PRENOM : ....

NOM : ....

Date de Naissance : ....

Signe du Zodiaque/Chinois : ....

Il/Elle aime :

....
....
....
....
....
....
....
....

Il/Elle n'aime pas :

....
....
....
....
....

Observation :

....
....

JUIN

PRENOM : ……………………………………………………………………

NOM : ………………………………………………………………………

Date de Naissance : …………………………………………………..

Signe du Zodiaque/Chinois : ……………………………………..

Il/Elle aime :

………………………………………………………………………………
………………………………………………………………………………
………………………………………………………………………………
………………………………………………………………………………
………………………………………………………………………………
………………………………………………………………………………
………………………………………………………………………………
………………………………………………………………………………

Il/Elle n'aime pas :

………………………………………………………………………………
………………………………………………………………………………
………………………………………………………………………………
………………………………………………………………………………
………………………………………………………………………………

Observation :

………………………………………………………………………………
………………………………………………………………………………

JUIN

PRENOM : ....

NOM : ....

Date de Naissance : ....

Signe du Zodiaque/Chinois : ....

Il/Elle aime :

....
....
....
....
....
....
....
....

Il/Elle n'aime pas :

....
....
....
....
....

Observation :

....
....

JUIN

PRENOM : ....

NOM : ....

Date de Naissance : ....

Signe du Zodiaque/Chinois : ....

Il/Elle aime :

....
....
....
....
....
....
....
....

Il/Elle n'aime pas :

....
....
....
....
....

Observation :

....
....

JUIN

PRENOM : ....

NOM : ....

Date de Naissance : ....

Signe du Zodiaque/Chinois : ....

Il/Elle aime :

....
....
....
....
....
....
....
....

Il/Elle n'aime pas :

....
....
....
....
....

Observation :

....
....

JUILLET

PRENOM : ....

NOM : ....

Date de Naissance : ....

Signe du Zodiaque/Chinois : ....

Il/Elle aime :

....
....
....
....
....
....
....
....

Il/Elle n'aime pas :

....
....
....
....
....

Observation :

....
....

JUILLET

PRENOM : ....

NOM : ....
Date de Naissance : ....
Signe du Zodiaque/Chinois : ....
Il/Elle aime :

....
....
....
....
....
....
....
....

Il/Elle n'aime pas :

....
....
....
....
....

Observation :

....
....

JUILLET

PRENOM : ....

NOM : ....

Date de Naissance : ....

Signe du Zodiaque/Chinois : ....

Il/Elle aime :

....
....
....
....
....
....
....
....

Il/Elle n'aime pas :

....
....
....
....
....

Observation :

....
....

JUILLET

PRENOM : ....

NOM : ....

Date de Naissance : ....

Signe du Zodiaque/Chinois : ....

Il/Elle aime :

....
....
....
....
....
....
....
....

Il/Elle n'aime pas :

....
....
....
....
....

Observation :

....
....

JUILLET

PRENOM : ………………………………………………………………..

NOM : ………………………………………………………………………

Date de Naissance : ……………………………………………………..

Signe du Zodiaque/Chinois : ……………………………………….

Il/Elle aime :

……………………………………………………………………………
……………………………………………………………………………
……………………………………………………………………………
……………………………………………………………………………
……………………………………………………………………………
……………………………………………………………………………
……………………………………………………………………………
……………………………………………………………………………

Il/Elle n'aime pas :

……………………………………………………………………………
……………………………………………………………………………
……………………………………………………………………………
……………………………………………………………………………
……………………………………………………………………………

Observation :

……………………………………………………………………………
……………………………………………………………………………

JUILLET

PRENOM : ....

NOM : ....

Date de Naissance : ....

Signe du Zodiaque/Chinois : ....

Il/Elle aime :

....
....
....
....
....
....
....
....

Il/Elle n'aime pas :

....
....
....
....
....

Observation :

....
....

JUILLET

PRENOM : ....

NOM : ....

Date de Naissance : ....

Signe du Zodiaque/Chinois : ....

Il/Elle aime :

....
....
....
....
....
....
....
....

Il/Elle n'aime pas :

....
....
....
....
....

Observation :

....
....

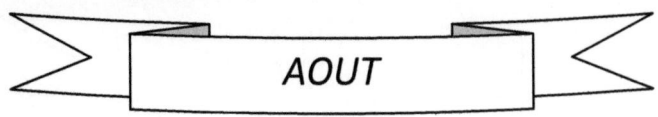

AOUT

PRENOM : ....

NOM : ....

Date de Naissance : ....

Signe du Zodiaque/Chinois : ....

Il/Elle aime :

....
....
....
....
....
....
....
....

Il/Elle n'aime pas :

....
....
....
....
....

Observation :

....
....

AOUT

PRENOM : ……………………………………………………………………

NOM : ………………………………………………………………………………

Date de Naissance : ………………………………………………………………

Signe du Zodiaque/Chinois : ……………………………………………..

Il/Elle aime :

………………………………………………………………………………………
………………………………………………………………………………………
………………………………………………………………………………………
………………………………………………………………………………………
………………………………………………………………………………………
………………………………………………………………………………………
………………………………………………………………………………………
………………………………………………………………………………………

Il/Elle n'aime pas :

………………………………………………………………………………………
………………………………………………………………………………………
………………………………………………………………………………………
………………………………………………………………………………………
………………………………………………………………………………………

Observation :

………………………………………………………………………………………
………………………………………………………………………………………

AOUT

PRENOM : ....

NOM : ....

Date de Naissance : ....

Signe du Zodiaque/Chinois : ....

Il/Elle aime :

....
....
....
....
....
....
....
....

Il/Elle n'aime pas :

....
....
....
....
....

Observation :

....
....

AOUT

PRENOM : ....

NOM : ....

Date de Naissance : ....

Signe du Zodiaque/Chinois : ....

Il/Elle aime :

....
....
....
....
....
....
....
....

Il/Elle n'aime pas :

....
....
....
....
....

Observation :

....
....

AOUT

PRENOM : ....

NOM : ....

Date de Naissance : ....

Signe du Zodiaque/Chinois : ....

Il/Elle aime :

....
....
....
....
....
....
....
....

Il/Elle n'aime pas :

....
....
....
....
....

Observation :

....
....

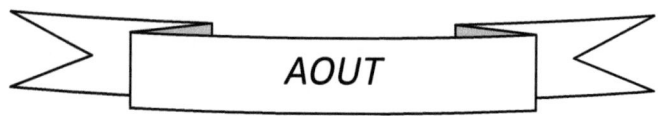

AOUT

PRENOM : ....

NOM : ....

Date de Naissance : ....

Signe du Zodiaque/Chinois : ....

Il/Elle aime :

....
....
....
....
....
....
....
....

Il/Elle n'aime pas :

....
....
....
....
....

Observation :

....
....

AOUT

PRENOM : ....

NOM : ....

Date de Naissance : ....

Signe du Zodiaque/Chinois : ....

Il/Elle aime :

....
....
....
....
....
....
....
....

Il/Elle n'aime pas :

....
....
....
....
....

Observation :

....
....

SEPTEMBRE

PRENOM : ……………………………………………………………………

NOM : ………………………………………………………………………

Date de Naissance : ……………………………………………………

Signe du Zodiaque/Chinois : ………………………………………

Il/Elle aime :

……………………………………………………………………………………
……………………………………………………………………………………
……………………………………………………………………………………
……………………………………………………………………………………
……………………………………………………………………………………
……………………………………………………………………………………
……………………………………………………………………………………
……………………………………………………………………………………

Il/Elle n'aime pas :

……………………………………………………………………………………
……………………………………………………………………………………
……………………………………………………………………………………
……………………………………………………………………………………
……………………………………………………………………………………

Observation :

……………………………………………………………………………………
……………………………………………………………………………………

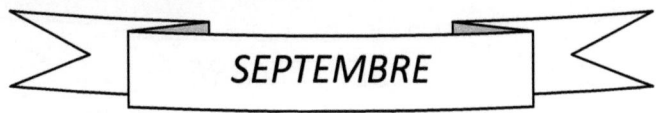

SEPTEMBRE

PRENOM : ……………………………………………………………………

NOM : ………………………………………………………………………………

Date de Naissance : ………………………………………………………..

Signe du Zodiaque/Chinois : ……………………………………………

Il/Elle aime :

………………………………………………………………………………………
………………………………………………………………………………………
………………………………………………………………………………………
………………………………………………………………………………………
………………………………………………………………………………………
………………………………………………………………………………………
………………………………………………………………………………………
………………………………………………………………………………………

Il/Elle n'aime pas :

………………………………………………………………………………………
………………………………………………………………………………………
………………………………………………………………………………………
………………………………………………………………………………………
………………………………………………………………………………………

Observation :

………………………………………………………………………………………
………………………………………………………………………………………

SEPTEMBRE

PRENOM : ....

NOM : ....

Date de Naissance : ....

Signe du Zodiaque/Chinois : ....

Il/Elle aime :

....
....
....
....
....
....
....
....

Il/Elle n'aime pas :

....
....
....
....
....

Observation :

....
....

SEPTEMBRE

PRENOM : ....

NOM : ....

Date de Naissance : ....

Signe du Zodiaque/Chinois : ....

Il/Elle aime :

....
....
....
....
....
....
....
....

Il/Elle n'aime pas :

....
....
....
....
....

Observation :

....
....

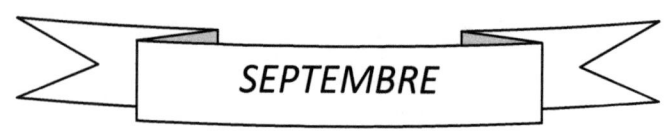

SEPTEMBRE

PRENOM : ....

NOM : ....

Date de Naissance : ....

Signe du Zodiaque/Chinois : ....

Il/Elle aime :

....
....
....
....
....
....
....
....

Il/Elle n'aime pas :

....
....
....
....
....

Observation :

....
....

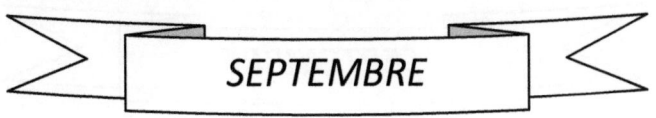

SEPTEMBRE

PRENOM : ....

NOM : ....
Date de Naissance : ....
Signe du Zodiaque/Chinois : ....
Il/Elle aime :
....
....
....
....
....
....
....
....

Il/Elle n'aime pas :
....
....
....
....
....

Observation :
....
....

SEPTEMBRE

PRENOM : ……………………………………………………………………………

NOM : ………………………………………………………………………………………

Date de Naissance : ……………………………………………………………..

Signe du Zodiaque/Chinois : ………………………………………………….

Il/Elle aime :

……………………………………………………………………………………………….
……………………………………………………………………………………………….
……………………………………………………………………………………………….
……………………………………………………………………………………………….
……………………………………………………………………………………………….
……………………………………………………………………………………………….
……………………………………………………………………………………………….
……………………………………………………………………………………………….

Il/Elle n'aime pas :

……………………………………………………………………………………………….
……………………………………………………………………………………………….
……………………………………………………………………………………………….
……………………………………………………………………………………………….
……………………………………………………………………………………………….

Observation :

……………………………………………………………………………………………….
……………………………………………………………………………………………….

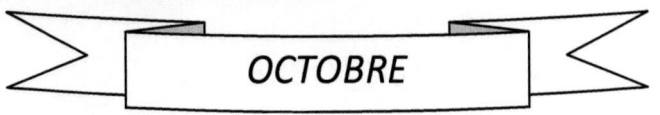

OCTOBRE

PRENOM : ....

NOM : ....

Date de Naissance : ....

Signe du Zodiaque/Chinois : ....

Il/Elle aime :

....
....
....
....
....
....
....
....

Il/Elle n'aime pas :

....
....
....
....
....

Observation :

....
....

OCTOBRE

PRENOM : ……………………………………………………………………

NOM : ………………………………………………………………………

Date de Naissance : ………………………………………………………

Signe du Zodiaque/Chinois : ……………………………………………

Il/Elle aime :

……………………………………………………………………………………
……………………………………………………………………………………
……………………………………………………………………………………
……………………………………………………………………………………
……………………………………………………………………………………
……………………………………………………………………………………
……………………………………………………………………………………
……………………………………………………………………………………

Il/Elle n'aime pas :

……………………………………………………………………………………
……………………………………………………………………………………
……………………………………………………………………………………
……………………………………………………………………………………
……………………………………………………………………………………

Observation :

……………………………………………………………………………………
……………………………………………………………………………………

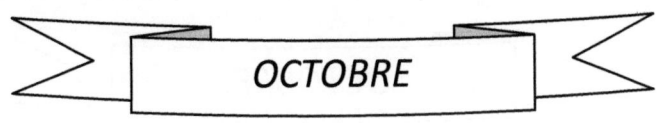

OCTOBRE

PRENOM : ....

NOM : ....

Date de Naissance : ....

Signe du Zodiaque/Chinois : ....

Il/Elle aime :

....
....
....
....
....
....
....
....

Il/Elle n'aime pas :

....
....
....
....
....

Observation :

....
....

OCTOBRE

PRENOM : ....

NOM : ....

Date de Naissance : ....

Signe du Zodiaque/Chinois : ....

Il/Elle aime :

....
....
....
....
....
....
....
....

Il/Elle n'aime pas :

....
....
....
....
....

Observation :

....
....

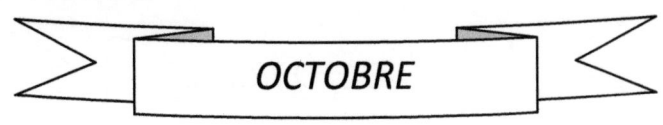

OCTOBRE

PRENOM : ....

NOM : ....

Date de Naissance : ....

Signe du Zodiaque/Chinois : ....

Il/Elle aime :

....
....
....
....
....
....
....
....

Il/Elle n'aime pas :

....
....
....
....
....

Observation :

....
....

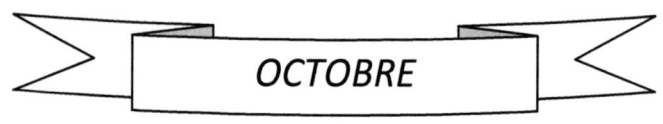

OCTOBRE

PRENOM : ....

NOM : ....

Date de Naissance : ....

Signe du Zodiaque/Chinois : ....

Il/Elle aime :

....
....
....
....
....
....
....
....

Il/Elle n'aime pas :

....
....
....
....
....

Observation :

....
....

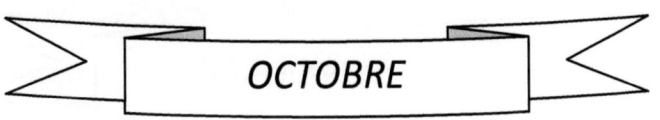

OCTOBRE

PRENOM : ....

NOM : ....

Date de Naissance : ....

Signe du Zodiaque/Chinois : ....

Il/Elle aime :

....
....
....
....
....
....
....
....

Il/Elle n'aime pas :

....
....
....
....
....

Observation :

....
....

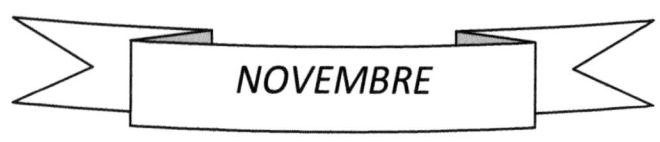

NOVEMBRE

PRENOM : ....

NOM : ....
Date de Naissance : ....
Signe du Zodiaque/Chinois : ....
Il/Elle aime :

....
....
....
....
....
....
....
....

Il/Elle n'aime pas :

....
....
....
....
....

Observation :

....
....

NOVEMBRE

PRENOM : ....

NOM : ....
Date de Naissance : ....
Signe du Zodiaque/Chinois : ....
Il/Elle aime :
....
....
....
....
....
....
....
....

Il/Elle n'aime pas :
....
....
....
....
....

Observation :
....
....

NOVEMBRE

PRENOM : ……………………………………………………………

NOM : ……………………………………………………………………

Date de Naissance : …………………………………………………..

Signe du Zodiaque/Chinois : ………………………………………

Il/Elle aime :

………………………………………………………………………………
………………………………………………………………………………
………………………………………………………………………………
………………………………………………………………………………
………………………………………………………………………………
………………………………………………………………………………
………………………………………………………………………………
………………………………………………………………………………

Il/Elle n'aime pas :

………………………………………………………………………………
………………………………………………………………………………
………………………………………………………………………………
………………………………………………………………………………
………………………………………………………………………………

Observation :

………………………………………………………………………………
………………………………………………………………………………

NOVEMBRE

PRENOM : ....

NOM : ....

Date de Naissance : ....

Signe du Zodiaque/Chinois : ....

Il/Elle aime :

....
....
....
....
....
....
....
....

Il/Elle n'aime pas :

....
....
....
....
....

Observation :

....
....

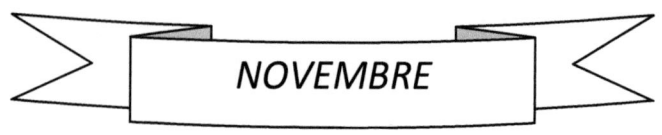

PRENOM : ....

NOM : ....

Date de Naissance : ....

Signe du Zodiaque/Chinois : ....

Il/Elle aime :

....
....
....
....
....
....
....
....

Il/Elle n'aime pas :

....
....
....
....
....

Observation :

....
....

NOVEMBRE

PRENOM : ……………………………………………………………

NOM : ………………………………………………………………….

Date de Naissance : …………………………………………………..

Signe du Zodiaque/Chinois : ………………………………………….

Il/Elle aime :

………………………………………………………………………………
………………………………………………………………………………
………………………………………………………………………………
………………………………………………………………………………
………………………………………………………………………………
………………………………………………………………………………
………………………………………………………………………………
………………………………………………………………………………

Il/Elle n'aime pas :

………………………………………………………………………………
………………………………………………………………………………
………………………………………………………………………………
………………………………………………………………………………
………………………………………………………………………………

Observation :

………………………………………………………………………………
………………………………………………………………………………

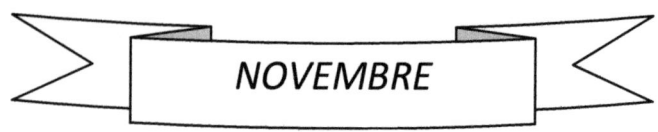

NOVEMBRE

PRENOM : ……………………………………………………………

NOM : ………………………………………………………………

Date de Naissance : ………………………………………………

Signe du Zodiaque/Chinois : ……………………………………

Il/Elle aime :

……………………………………………………………………………
……………………………………………………………………………
……………………………………………………………………………
……………………………………………………………………………
……………………………………………………………………………
……………………………………………………………………………
……………………………………………………………………………
……………………………………………………………………………

Il/Elle n'aime pas :

……………………………………………………………………………
……………………………………………………………………………
……………………………………………………………………………
……………………………………………………………………………
……………………………………………………………………………

Observation :

……………………………………………………………………………
……………………………………………………………………………

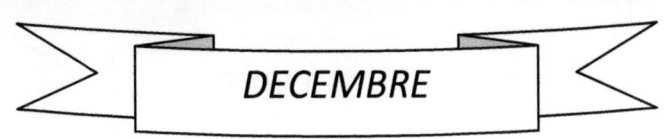

DECEMBRE

PRENOM : ....

NOM : ....

Date de Naissance : ....

Signe du Zodiaque/Chinois : ....

Il/Elle aime :

....
....
....
....
....
....
....
....

Il/Elle n'aime pas :

....
....
....
....
....

Observation :

....
....

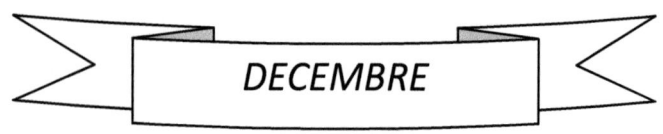

DECEMBRE

PRENOM : ……………………………………………………………………

NOM : …………………………………………………………………………

Date de Naissance : ……………………………………………………….

Signe du Zodiaque/Chinois : ……………………………………………..

Il/Elle aime :

………………………………………………………………………………………
………………………………………………………………………………………
………………………………………………………………………………………
………………………………………………………………………………………
………………………………………………………………………………………
………………………………………………………………………………………
………………………………………………………………………………………
………………………………………………………………………………………

Il/Elle n'aime pas :

………………………………………………………………………………………
………………………………………………………………………………………
………………………………………………………………………………………
………………………………………………………………………………………
………………………………………………………………………………………

Observation :

………………………………………………………………………………………
………………………………………………………………………………………

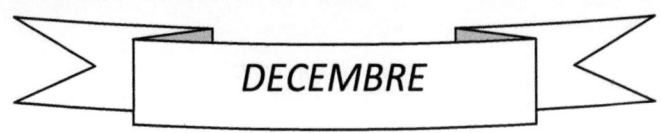

DECEMBRE

PRENOM : ……………………………………………………………………

NOM : ………………………………………………………………………

Date de Naissance : ……………………………………………………

Signe du Zodiaque/Chinois : ………………………………………

Il/Elle aime :

………………………………………………………………………………
………………………………………………………………………………
………………………………………………………………………………
………………………………………………………………………………
………………………………………………………………………………
………………………………………………………………………………
………………………………………………………………………………
………………………………………………………………………………

Il/Elle n'aime pas :

………………………………………………………………………………
………………………………………………………………………………
………………………………………………………………………………
………………………………………………………………………………
………………………………………………………………………………

Observation :

………………………………………………………………………………
………………………………………………………………………………

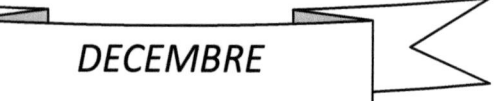

DECEMBRE

PRENOM : ....

NOM : ....

Date de Naissance : ....

Signe du Zodiaque/Chinois : ....

Il/Elle aime :

....
....
....
....
....
....
....
....

Il/Elle n'aime pas :

....
....
....
....
....

Observation :

....
....

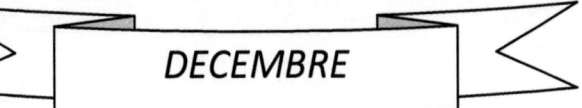

DECEMBRE

PRENOM : ....

NOM : ....

Date de Naissance : ....

Signe du Zodiaque/Chinois : ....

Il/Elle aime :

....
....
....
....
....
....
....
....

Il/Elle n'aime pas :

....
....
....
....
....

Observation :

....
....

DECEMBRE

PRENOM : ....

NOM : ....

Date de Naissance : ....

Signe du Zodiaque/Chinois : ....

Il/Elle aime :

....
....
....
....
....
....
....
....

Il/Elle n'aime pas :

....
....
....
....
....

Observation :

....
....

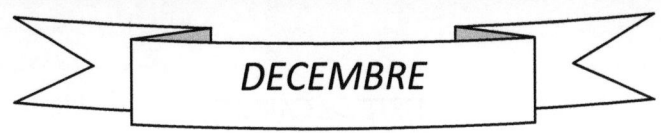

DECEMBRE

PRENOM : ....

NOM : ....

Date de Naissance : ....

Signe du Zodiaque/Chinois : ....

Il/Elle aime :

....
....
....
....
....
....
....
....

Il/Elle n'aime pas :

....
....
....
....
....

Observation :

....
....

LISTE des CARNETS

Carnet Magique (VIII 2021)

Carnet de Lectures (VIII 2021)

Carnet du 7ème Art (VIII 2021)

Carnet de Jeux Vidéo (VIII 2021)

Carnet de Rêves (X 2021)

Carnet de Balades (XII 2021)

Carnet de Recettes (II 2022)